JN439771

우리 시대의 우화

김명희 시집

김명희 시집

우리 시대의 우화

도서출판 푸름사

국립중앙도서관 출판예정도서목록(CIP)

우리 시대의 우화 : 김명희 시집 / 지은이: 김명희. -- 부산
: 푸름사, 2014
p. ; cm

ISBN 978-89-94839-09-7 03810 : ₩10000

한국 현대시[韓國現代詩]

811.7-KDC5
895.715-DDC21 CIP2014033949

우리 시대의 우화

·

2014

시인의 말

가을은 한해를 보내며 새로운 시작의 근본을 유추해 볼 수 있는 적기의 계절이다. 어쩌면 또 다른 희망과 새로운 목적의식에 근거한 대단원을 위한 숙고의 계절이기 때문이다.

이 시집에 상재한 졸작 80편의 시에서, 과거와 현재, 그리고 미래에 대한 문학적 깊이보다는 평범한 인간의 살아가는 과정과 삶을 연계한 자기 성찰을 간접적으로 유화하는 데 주안점을 두었다.

다음 시집에서는 개성과 독창성으로 승부하고 싶다. 많은 이해와 관심과 채찍이 함께 했으면 하는 바람이다.

2014년 가을

김 명 희

차례

제1부 시간과 시간 사이

제2부 달력의 눈眼

제3부 어떤 삼위일체

제4부 한세월 한세상

제5부 혼돈의 시절

제 1 부

시간과 시간 사이

시간과 시간 사이

시간이 시간을 이끌고 간다
마치 바퀴를 굴리듯이
초침 분침 시침의 삼박자가 긴요하게
서로를 이끌며 당기며
한 눈금의 오차도 없이
수없이 우주를 횡단하는 어지럼증
열두 자리의 숫자와 간격은
요지부동인데
실핏줄 같은 피돌기로 윤회하는 그 자리
나의 과거와 현재가 붙박이로 있다
때론 야멸치고도 타협 없는
시간이 약속하지만
가령 어느 한순간 시간이 머문다면
그 순간 나는 이미
이승의 사람이 아닐 것이다
오오, 오늘도 나를 읽고 부지런히
나를 유지하는 생명의 피
영원한 내 안의 심장이여

곡선

애매한 그리움이다
사랑을 주면 금방 기울 듯
마음 하나의 심연으로
절정의 물음표로
애간장을 태우고 있다

눈썹달 같은 자태로 이울 듯
매무새 단정한
신비의 형상으로
누군가를 유혹하고 있는

완성을 위한 그리움을 향하듯
몸짓하는
무연히 아름다운
저- 귀태

우리 시대의 우화

비온 뒤 물방울 하나가
전봇줄에 매달려 있다

살아있는 신기로
아래 위 혹은 옆으로 쓸리다가
순간적인 공중곡예로

아슬아슬하게
몇 시간째 바람과 씨름 중이다

바람의 균형에 따라 떨어질 운명
순간순간 바람에 흔들리다
혼절하는 물방울 하나

새들이 물어갈 것인가
나무들의 수액이 될 것인가
혹은 무수한 사람들의 입방아로
머물 것인가
비온 뒤
몇 시간째 겨우 생명을 부지하고 있는

전봇줄의 아슬아슬한
물방울 하나가

낙동강

강물이 강물을 이끌고
칠백 리를 달린다

냇가의 물버들 논밭도 돌아보며
더러는 지나는 고장의
인정도 챙겨보며
조금도 머뭇거리지 않고
결코 서로 앞서는 법 없이
차례로 헤엄치듯
칠백 리 외로운 시간을
한 고독처럼
서로를 위로하며 달리는 한 핏줄

오오, 갈대들이 마중하는
부산 앞바다 하구언에서
각자 발원지의 명패를 꺼내 보이며
온갖 수난사를 주절거리며
차렷자세로 호명을 기다리고 있다
칠백 리를 저어온 낙동강물이

순천만 갈대

바람이 종일 빗질하는
늘 푸른 정원은
가을이 기울어진 곳으로부터
오늘도 물 위에 떠있다

구름도 새들도 사람들도
청아한 하늘 벗 삼아
사이좋게 지나는 사이
가끔 배들이 갈대를 헤치며
울보처럼 지나고
나신의 물결들은 굽이굽이
명경처럼 하늘에 닿아있다

가장 먼저 온 가을들이 서둘러
갈대 무리 속에서
새로운 몸짓으로 단장하고 있는
순천만 부근

응시

구름속의 맹렬한 햇볕처럼
멀고도 긴 시간을
심연의 깊이로 보고 있다

나를 바로 세우듯
결코 놓칠 수 없는 명암

반듯한 인물 하나의
정교한 모습을 보기 위해
허수아비처럼
구름 속의 햇볕으로
긴장으로 종일 서 있는 시각

희망

길은
입구와 출구를 동시에 가진다

잔뜩 웅크린 배후처럼
경계의 안과 밖을 무너뜨리며

서슬 퍼런 자존심과 의지로 통과하는
미명의 아침

길은 처음부터 내 안에서
어둠을 벗어놓고

약속처럼 단단한 존재로
나를 거느리고 있었다

절개지의 나무

조금씩 무너지는
산 아래의 흙을 붙들고
나무는 안간힘으로
천길 낭떠러지를 지키고 있다

통곡과 절규로 지탱하는
시간들이 깊어질수록
오장육부가 뒤틀리고
선혈이 낭자한 수족들을 붙들고
죽기살기로 씨름 중이다

아무도 관심 주지 않는
머나먼 깊이의 오지
단애한 협곡의 나무 하나가

감시

세상에는 무서운 눈들이 따라다닌다
하나의 적의처럼 충혈된 눈으로
나의 과거와 현재를 감시하는 눈

호시탐탐 나를 압박하며
시대나 오늘을 앞서가는
저 눈의 요기

빛속에서도
어둠속에서도
안 보이는 데서도
나를 집요하게 따라다니는 눈

무섬증으로 까맣게 타들어가는
내 심장을 정조준하며
누군가 어디에선가
나를 노려보는 눈의 24시

당신과의 동행

너와 나를 아름답게 꾸미자
세상에서 가장 아름다운 꽃처럼

사철 아기자기하게 성장하는
이야기들의 웃머리처럼
너와 내가 있으므로 더욱 행복한 날
아름다운 동행을 위하여
하나의 꽃으로
한 생애를 아름답게 머물다가
우리가 서로를 다독이며 사는 한평생
꽃가지 은은한 무지개처럼

너와 나는 언제나
흔들리지 않는 희망 하나 가지고
이 세상 어디에서도
반딧불이처럼 반짝이며
꽃처럼 살기다

여름의 숲

여름날 먼동 트는 아침
논밭에 나가보면
풀잎들에 맺힌
영롱한 이슬방울들

청개구리며 방아깨비며
메뚜기들이
모두들 아침을 준비하느라 부산하다

햇살이 중천에 머물 즈음
모두들 일터에 나가
먹이사슬 잡이로
계속 암호 같은 수신호로
사람들의 일상처럼 어수선한데

어둠이 다가오면
인적 없는 고요의 숲에서
적막 속의 하늘을 껴안고
내일을 꿈꾸는
저 앙증스런
여름의 주인공들

파도 이야기

가장 비굴한 자는 바다로 가라
가서 바다의 포효소리를 들어라

낮과 밤을 지키며
육지와 바다의 방패막이가 되고
서늘한 미래의 일념이 되는
빗발치는 파도소리를 들어라
무시로 일어서고 쓰러지는
저 키 큰 파도의 무리 앞에
자기를 온통 열어놓고
최초의 탄생에서부터
헤아릴 수 없는 현재를 고백하라

들고나는 파도에
뼈아픈 고백도 탄원하라
때로는 희망을 전제한
메아리로 되돌아올 테니

가장 비굴한 자는 바다로 가라
가서 바다의 포효소리를 들어라

어떤 이별

– 아들에게

긴 한나절 소식 없던 너
더욱 깊어진 수심으로
희망 한아름의
제야의 종소리 울려퍼질 때쯤
눈시울 붉게 적시며
애틋한 사랑의 희열로
내게로 온 너

공항에서 너를 보내는 날
먼 길 떠나는 네 마음보다
보내는 내 가슴 더욱 천근의 가슴으로
목이 메는데
마음은 벌써 그리움 한아름으로
돌아와 있는데

아픈 날의 기억 헤아리며
저녁해 수평선에 몸 담글 때쯤
더욱 아린 마음을 떼어놓고 돌아올 즈음
너의 모습 더욱 생경한데
지는 해 어깨 너머로
너를 위한 기도로
하루해가 더욱 짧은 날

둥지

새가 날은다
천년의 터전을 마련하기 위한 새가
물의 울음으로 멱을 감는다
바람도 찬 이슬의 새벽
하루 왼종일을
무한창공을 비행하며
뿌리를 찾듯 둥지를 짓는다
풀잎과 나뭇가지로
햇볕과 바람 사이로 가교를 놓으며
천년의 울음으로 벼랑 끝 아슬한 곳
그들의 이름으로 울음 울며
혼신의 땀으로 이룩한
둥지를 세우며 멱을 감는다
그림 같은 산버들 아래서

무제

이 시간 이후의 나를 아무도 모른다
나의 자유와 평화는
가끔 어긋났으므로
나는 미리부터
오늘을 계산하지 않는다

오늘도 나의 존재를 위하여
나의 하루에 얽매이지 않기 위해
부산한 일들에 매달려 보지만
늘 조그만 공간도 여유에도
불안한 하루로 머문다

나의 하루를 추억하기 위해
오늘도 내 가슴을 금 긋고 가는 사연 하나
빼앗긴 자유를 위하여
빈자리에 머무는
나를 일으켜 세우는 날

말조심

한 말씀 한 뜻 안에서
수없이 간직된 서로의 비밀한 언어들
사람 사는 한세상
말은 언제나 가려 하며 살 일이다

칼로 무를 베듯 단호한 말
전혀 타협이 없는 상극 같은 말
소리의 귀를 베는 아픔을 지닌 말
어쩌면 운명처럼
자신에게 되돌아오는
그 비수 같은 말들
조심할 일이다

한 말씀 한 뜻 안에
천년을 모실
거룩한 인생이 살고 있다

제 2 부

달력의 눈眼

가슴앓이

누구나
아픈 과거 하나씩 갖고 있다

그것이 추억이 되기도 하고
평생 후회하며
짊지고 가야할 운명이 되기도 하는
과거들
울보가 되기도 하고
평생 앙금이 되기도 하고
낭만이 되기도 하는
우리들의 과거 하나
세월이 약이라지만
우리 안에서 자나 깨나
가끔 생각나는 아픈 과거 하나
평생 타협하며 살아가는 인생

언제나 내 이름 안에 사는
얽히고설킨 앙금 같은 과거 하나

우울

가난한 별자리마다
눈물로 오는 신화를 읽는다

방향을 잃은 가을바람은
도무지 나뭇가지 위에도 닿지 못하는데

정작 소식 없는 너는
내 심장 안에 불을 놓는다

이리도 먼 생각에
상처로 오는 밀어들
눈물이 되는 미명

어디선가 서러운 겨울을 붙들고
매화송이 두엇 피고 있는 밤

행복 한아름

그리움은
언제나 한 축복으로 온다

오래된 우정도
서로 인내한 지난날도
함께 하는 동행도
자유롭게 오는 날

표정 없는 언어들 속에서
말없는 순종과 더불어 사는 인생
서로들의 그 안에
믿음과 신뢰가 함께 발효하는 날

그리움은
언제나 한 축복이요
영광이다

빛

어둠속에도 빛은 있다
비 오고 눈 오는 날에도
암울하고 고독한 야심한 밤에도
애매한 빛은
우리 가까이 표적으로 있다

생각의 길을 놓고
과거를 회상하며
눈 감을수록 더욱 새록새록한 길
그 길을 놓칠세라
한없이 따라가면
우리의 수면의 깊이에서 놓이는
또 다른 길 위를 헤매이는 빛

세상이 외면한 억울한 밤에도
화등 만한 눈으로 우리를 지키고 있는
결코 소멸되지 않는 빛 하나
영원을 짐지고 가는 빛 하나가

나의 안과 밖

세상을 살아가는 것이
한세월을 건너는 것이
이리도 힘든 것을
지금도 후회로 오는 날들은
아직도 가슴 안에 웅크리고 있는데
이미 풍문처럼 멀리 간
언어들은 결코 돌아오지 않는다

어둠을 벗어놓고
경계를 허무는
오늘 하루도
한세월 한세상의 일부일 것이니
문득 후회로 오는
지난날의 앙금들
낯선 우울로 오는 날

오늘도 거울 안에
전혀 다른 사람으로 있는 내가
한세월을 건너고 있듯이

황사

황사가 인다
눈먼 시야 속으로
고비사막의 모래바람으로
서해를 건너온
중국의 미세한 먼지들이
반도를 점령한다

먼 산 가까운 들판들이
종일 눈멀어 아우성이다
도시의 빌딩숲들이 기침을 해대고
사람들은 황사 마스크를 쓰고
서로 알아볼 수 없는 수화로 그냥 지난다

그대 얼굴도
나의 얼굴도
잔뜩 근심을 여미고
살 속의 깊은 잠으로
오늘은 시간 속에 꽁꽁 숨어 지내는 날

장맛비

진종일 비는 한 독백처럼
하루를 무너뜨리며
간교한 웃음으로 사람들을 비웃으며
억울한 심사처럼
세상 곳곳에 내린다

도심을 적시고
풍경들을 적시고
마음 안까지 진종일 내리는 비
비는 한 고행처럼
불평을 가득 짐지고
스스로 모든 곳의 폐부까지 스며든다

일요일을 적시는 비 때문에
사람들은 감옥에 갇힌 수인처럼
웅크린 하루로 시간을 빼앗기고
오늘 하루 비 안에서
비가 되는 사람들이 비타령으로
서러운 시간을 빼앗기는
유월 장맛비

이른 봄

강변을 지나는
꽃무릇
춤사위 나풀나풀
바람머리에 얹히는데

새들은 첫이슬 밟아가며
가만가만 꽃순을 쪼고
보리싹들 팔베개로 눕는
마을 근처
징검다리 건너는 무지개

물 위에 제 그림자 비춰보는
온 하루의 설렘 같은
그리운 삼월 꽃무릇

달력의 눈眼

캘린더 한 장을 넘긴다
출렁이는 자유
계절이 교차하는 선분
일부 계획한 불안한 시간들이 표류하고
청정한 하루도 올곧게 서있다
차례로 시간과 세월이 지나고
가끔 우리들의 어긋나는 하루도
내일을 기약하며 지난다
내밀한 우리들의 생각 사이로
사철 별리의 근황도
오늘의 물음표로 서있는 그곳
캘린더 한 장

암자

물소리 뒷곁을 흐르는 목쉰 바람소리
늦잠을 일으킨 짐승들의 소리
인적 끊긴 골 깊은 석굴

다소곳한 나뭇잎들이
영겁을 지샌 나이테로
자꾸만 시간을 빼앗아가는데

문득 시야 속으로
산꽃 하나 지극한 고요로
우람한 절벽을 사이 하고
일찍 온 아침을
부지런히 옮기고 있었다

나의 분신

– 딸에게

오월 햇살 그리도 눈부신 날
눈트는 새싹들의 맑은 소리와 더불어
내게로 온 너

언제나 네 사랑은
현재진행 중이라며
잎푸른 가지에 묶어둔 희망처럼
이상을 꿈꾸던 젊은 날
늘 내 곁에 햇볕의 양지로 함께 하며
언제나 시간의 무늬는
초록의 빛나는 꿈으로 오는 것

햇살 더욱 여물듯이
세상의 웃머리에서
언제나 너와 나는
별들이 건너는
동화나라의 이야기처럼
아름드리 희망으로
한세상 함께 하기다

몰입

나의 폐부를
나의 심장을
그리운 나의 사지를
결박하고도
나를 결코 놓아주지 않는
저- 강심장

먼저 간 영혼들

한 줄기 청량한 빗줄기
가슴 씻어내리고 난 뒤
별빛 에너지 머금고
구름 걷히는 서녘 하늘부터
오, 반짝이는 누만의 별무리들
제가끔 모양과 표정들을 거느리고
온 세상을 점령하네

별빛 옮겨가는 발자국마다
더욱 생경해지는 풍경들 사이로
견우 직녀는 사랑놀이 한창인데
무서워라
우리를 앞서간 영혼들이
저리도 맑은 강변에서
반딧불이로 환생하여 멱 감는 밤

노을 무렵

길들이 나뉘는 곳으로
낮게 멀어져 가는 너를 보며
손 흔든다
길섶엔 제비꽃들이 한창인데
우리는 우울처럼 함께
하루해를 보냈네

하늘 높이 올라도
다시 지상으로 내려와
둥지를 찾는 새들처럼
하루를 마무리해야 할 시각

모든 것은 한 근원처럼 저물고
시작의 내일을 위해
우리는 미리 갈무리해 둔
내일의 임자처럼
이제 한 물음의 곁으로 가야겠네

가을 빗속에

누군가 빗속으로 걸어가고 있다
오는 비를 그냥 맞으며
어쩌면 비를 즐기듯 아랑곳하지 않고
머나먼 길의 행로를 따라가고 있다
가끔 길섶의 풀들이 흔들리고
오래된 가로수들이
가을 이야기들을 나누는 빗속으로
온몸을 맡긴 채
뭇사람들의 발길이 지난 정돈된 보도 위
아슬한 곡예를 하듯 지나는
자동차들의 행렬에도 무감각하게
가을을 읽고 있는 낭만 같은 모습으로
빗속의 비처럼
오래된 시간 속을 거닐고 있는
가을비 같은 사람 하나

탑

탑의 이름은
언제나 머나먼 역사의 뿌리에 닿는다

머나먼 세월을 지킨 흔적이
그의 이마에 닿고
이끼 돋는 그의 전신이
육중한 자신의 그림자로
물끄러미 서 있듯이

언제나 가슴속 깊이 새기는
세월 속의 울음소리
오늘도 천년의 이름을 새긴다

어디선가 문명 하나로 발효되고 있는
자기를 다시 읽는 시간
그리움 하나가 먼저 뿌리에 닿는다

제 3 부

어떤 삼위일체

만추

늦가을 오밤중
가만히 귀 기울여 들으면
무수한 풀벌레의 울음들
별똥별 떨어지는 소리

—먼 데 지친 강물이
우렁우렁 흘러가는 소리

신나게 계곡을 타는 산바람 사이로
내일을 마중 나가는
낙엽 하나
유언을 남기고 가는 소리

보기 따라서는

적막한 밤
먼 데서 불이 걸어옵니다
포수는 짐승의 매서운 눈이라 하고

나그네는
산막의 불이라 합니다
화전민의 촌부는
도깨비의 불이라 합니다

시인들은 하늘로 오르는
신선의 고매한 눈이라 합니다
더러는 용이 되지 못한
이무기의 한이라 했습니다

불이 그 이유 많은 불이
자정을 지나
어둠을 헤치고 날렵하게 걸어옵니다

바람의 이유

바람은 바람과 어울려 다니며
세월을 유람한다
일찍 온 계절과 나무와 숲들의 아침을
하늘에 닿는 구름과 새들의 이야기를
그리고 사람과 사람들의 논쟁을
이미 멀리 간 추억들을
바람은 바람끼리 어울려
세상을 논한다
서로의 방향을 일깨우며
설익은 사랑 얘기도
미처 못다한 전언도
세상의 무성한 뒷이야기도 챙기며
가는 곳마다 화제를 만드는 바람
오늘도 바람에 얹혀가는
우리들의 이야기들
언제쯤 낯익은 메아리로 돌아올까

늘 타인이듯

낯설고 더욱 낯선 타관에서
오랜 세월동안 귀를 묻어버린
새로운 인생의 해답을 얻기 위해
스스로의 고독을 짐진다
작은 것과 큰 것의 사이
있는 듯 없는 듯
삶의 길목은 늘 타인이듯

나의 자화상을 뒤돌아보며
오늘은 전혀 다른 사람의
꿈꾸는 희망이 되어
나를 돌아다볼 일이다
세월의 나이테를 묻고 가는
한 나그네처럼

나를 깨닫게 하는
칠월의 숲들이
오늘의 증언처럼
무성한 햇볕 사이로 길을 열고 있다

꽃의 의미

꽃을 가지고 싶을 때가 있다
꽃의 생김새와 향기와
빛깔 속에 간직한
속살 깊은 무늬
그 빛부신 아름다움을
가지고 싶은 때가 있다
그 분위기와 시기가 무르익은
고요도 겨운 시각
못 잊을 추억처럼
향기 짙은 밀어로
속삭이고 싶은 때가 있다

노숙자

걸인풍의 굵은 주름의 노인 하나
지하계단에서 동냥걸이를 하고 있다
양철통에 동전이 모일 때마다
감은 눈으로 기계처럼 고개 숙이며 인사한다
꾹 다문 입 표정 없는 얼굴로
사철 그 자리에서
언제나 시간을 지키는 노인 걸인
무엇을 생각할까
청운을 꿈꾸던 한 시절을
혹은 지금의 자기를 있게 한
현실을 유추하고 있을까
긴 노을이 그를 마중하자
배고픈 다리를 일으키는
그의 동공에
허수아비로 서있던 과거가 언뜻 지난다

서라벌 사람

천년 도읍지 경주에 가면
가을꽃들도 억울한지
에밀레 소리로 운다

바람도 슬픈 곡조를 헤아리며 지나고
오릉 위의 멧비둘기도
운치를 말하기 전에
억울한 울음을 운다

어느덧 핏빛 노을이
토함산 마루에서 안절부절하는데
길손들은 모두 어두운 표정으로
천년의 신라 사람들을
찾아 헤맨다

산으로 들로 저잣거리로

동서

우리 한 사랑의 인연으로 닿아
함께 하는 세월

서로의 인생길
정겹게 이끌며 양보하며
덕목 같은 한 생애를
조율하며 사는 한세상

아직도 미완성의
낯선 길 하나에도 올곧은 마음과
이해와 화합으로 살아가며
서로의 희망과 뜻이 되는
이 기특한 인연을 소중하게
가꾸며 살아가세
우리들의 생애가 다하는 그날까지

광안대교

푸른 물결 위로
곡선의 여인이
가야금을 퉁기고 있다
한 바다를 겨냥한
맑고 서늘한 곡조 한 아름
한 비애처럼 그윽한 향기로
가을 하늘에 닿아
은하수 깊은 사연과 어울리는 곳

육지와 하늘 사이 너무 멀구나
동아줄 하나 없는 그 사이를
바닷새들 무리지어 날으는데

밤이나 낮이나
유려한 바다를 지키며
그윽한 분위기의 곡선의 여인이
퉁기는 가야금 소리
머나먼 하늘을 건너고 있다
견우 직녀가 오작교를 건너듯

도심의 꽃

가을 늦게 온 꽃 한 송이
각혈처럼 마지막 피를 토한다
매연과 공해로 난장판이 된
황사 속에서도
오롯이 꽃대 하나 올린
모진 목숨 하나
얼룩진 이파리들을 만지며
죽어가는 수족들을 다독이며
유언처럼 올린 처량한 꽃 한 송이
아무도 관심 주지 않는
도심의 길섶 꽃송이 하나가

시인

언제부턴가 온갖 사물들을
보고 듣고 느끼며
심상을 가지는 이유
알 수 없었으나
이제야
잠깐의 인연이나
먼 산의 아득한 풍경이나
계절따라 피는 꽃들만 보아도
더욱 내밀히 보려는 마음

옹달샘처럼 솟아나는 시행들과
마음 안의 잠재된 언어들
풋풋한 설렘으로 오는 감동의 순간들
비로소 시인이 맞느냐며
스스로 물어보는 날

오늘은 한 문장 가득
지금의 나를 시로 옮기며
설렘으로 가득한
풍요를 옮기다

도화꽃

도화꽃 붉게 피면
마음 아리다
열여섯 어여쁜 웃음 빼물고
아찔하게 햇볕 비스듬히
수줍게 웃던 순이처럼
먼 데 강을 넘어
어느덧 마을을 점령한
도화꽃 송이송이들
무릇 아는 길을
뒤따라온 도화꽃 향기가
어지럽게 물든 강변둑길
모든 것은 서로 어울려서
봄을 노래하는구나
아랫마을 윗마을
처음 본 이웃도
모든 것 내려놓고
도화꽃 얘기로 하나가 되는 강마을

아침의 메아리

이 아침의 행진은 눈부시구나
골목길에서 정류장에서 혹은 차도에서 듣는
쩡쩡 울리는 산들의 메아리처럼
깊이로 오는 출발의 희망소리
모든 것은 한사랑 근처에서
떠나는 것들의 하모니로 부산한데
오오, 야무진 속살로 넘치는
이 아침의 힘찬 동력
서로의 근원이 되어
함께 이룩하는구나
모든 것이 처음의 순서로
가까운 이웃에서 혹은 먼 데서
정갈히 옷 갈아입는 소리
메아리로 오는 하늘보기로
우리들의 아침을 깨우는 우렁찬 미명

봄의 명상

여물지 못하는 마음의 빈 하루
낯이 익은 꽃들은 저마다
꽃망울 피우느라 분주한데
가까이 있는 꽃구름
기억을 살피며 그리움으로 오는
오월 한나절

문득 헤어진 이십년 지기의
모습이 언뜻 지난다
아스라한 기억들을 모두 꽃의 이름으로
영상의 필름처럼 재생시키며
그리움으로 절절히 봄을 헤매는
오월 한나절

말 한마디

너의 말 한마디가
내게 비수가 되어 돌아왔을 때
강심장이 되지 못한 나는
너의 말을 이기기 위해
절정의 꽃을 생각하고
푸른 하늘을 생각하고
이야기 끝의 정의를 생각했다

그리고 너의 말 한마디를 용서하기 위해
나를 다스릴 수 있는
수없는 치유의 순간을 생각했다
종소리 튼튼한 맑음처럼
맨처음의 순수는
오늘도 내 안에서
하루 종일 나를 지키다

어떤 삼위일체

그림자가 사람을 따라간다
아니 사람이 그림자를 따라간다
앞서거니 뒤서거니
햇볕과 그늘 사이
타인처럼 마주한 동행
시간 속의 외로움처럼
그림자가 자기를 붙든다
그러다 한순간
햇볕이 등을 떠민다
그림자를 만드는 자와
사람이 만드는 그림자
서로 도무지 어울릴 수 없는
하루를 지키며
어깨 나란히 가고 있다

제 4 부

한세월 한세상

웅어리

한 소리의 울창함으로
세상을 열 수 있다면
얼마나 행복하랴

오늘도 무수한 언어들이
어떤 의미와 의지도 간직하지 못한 채
우리가 서로를 오해하며 원망하며
나누어 가져야할 인연을 외면한 채
하루를 형성하는 그 안에서
생성되는 불편한 하루
너와 내가 올곧은 마음으로
평안한 시간 안에 머물 수 있는
하루를 기린다면 얼마나 행복하랴

오늘도 멀리서
하루해를 지킨 사람들이
불편한 하루를 들고
기약 없이 멀리 떠나는구나

아이와 어른

아이들은
덧셈과 뺄셈을 하며 지나고

어른들은
곱셈과 나눗셈을 하며
하루해를 보낸다

어쩌면
순진한 자와
이익과 손해를 계산하는
연륜이 그 안에 있다

출발

절망은 희망의 반쪽이다
미리 겁낼 필요는 없다

누구나 모두를 가지는 것은
불가능한 세상 아닌가
겪고 보며 스스로 터득하는 요령
절망을 희망으로 반전시키는
지혜는 늘 우리 곁에 있다

절망을 보아야
비로소 눈뜨는 또 다른 세계
새롭게 탄생하는 희망 하나
오늘도 땀과 피로 완성된다

호수

머리 빗고 새옷 단장한
지순하고 얌전한 모습으로
귀 열고 먼 응시로 오는 명상

가을 고추잠자리
무수히 풀숲을 휘저어도
시야를 건너가듯
먼 산에 얹히는 구름과 노닐고

수줍은 듯
옷매무새 여미고
한아름의 추억 얘기로
종일 잔잔한 물결로
초록의 소리로 화답하는
명경 같은 그 모습

황야

오늘도 유령 같은 바람이 점령해 가는
광활한 지평선
철지난 허수아비들이
해골같이 서 있는 황무지
서슬 퍼런 매서운 겨울바람들이
사철 깊이 감추어둔
새들의 둥지마저 쓸어버리고
회오리로 하늘로 솟구친다

보이는 것 아무것도 없는 공중에
우우 몰려다니는 바람만
저승처럼 한기로 오는 저녁답
무서워라 바람의 비명들이 점령한
잠시 우리들이 버려둔 땅
밤낮 귀신들의 울음만
야수같이 우는 그곳

한세월 한세상

산 위에서 산 아래를 보면
하나의 신기루다
나무와 숲들도
마을과 온갖 물상들이
얽히고설키어 하나의 임무처럼
서로를 지키며 살고 있다

서로의 힘이 되고 서로의 편의가 되고
때로는 서로의 먹이사슬이 되는
이 세상의 수많은 희열과 비애

함께 어울리는 하루를 가지지만
결코 공평할 수 없는 외경과 힘의 균형
내일의 운명을 모른 채 살아가는
생生과 사死의
저 수많은 물상들의 요지경
오늘도 처절한 승부로 목숨을 부지한다
하나님의 푸른 하늘 아래서

살인자

조간신문의 앞머리를 장식한
패륜의 범죄
뼈마디가 일어선다
앳된 열아홉의 나이로
돈이 탐이 나 부모를 살해하고도
태연히 현장검증에 나선
이목구비 번듯한 그놈
그도 한때는 청운을 꿈꾸었을까
세상을 한아름 안아보았을까
헛된 꿈 망상가의 허무한 삶
무엇이 오늘의 그를 있게 했는가
순간의 마귀가 그를 이끌었을까
정신의 공황이었을까
굳게 다문 그의 입술이
악마의 형상을 닮아 있다

산경

가을 허리쯤
산은 온통 훈장처럼 울긋불긋하다
어디선가 전율하듯 신음소리 내며
낙엽이 공중회전으로 멀어지고
물소리따라 비상하는 새들
능선너머 구름과 한 몸이 되는 한나절

어수선한 한해를 돌아보며
등산객들은 걸쭉한 입담을 나누며
긴 행렬의 꼬리 속으로 멀어지고
칠부 능선의 허리쯤에서
산마을 아래로 휘청거리는 오후가
가만히 쉬고 있다

하산하는 등산객들이
하루의 애기를 만지며
낙엽처럼 뿔뿔이 헤어지는 노을 무렵
인물을 달리한 산이
여울물에 제 몸을 담그고 있는
가을 한나절

아니, 벌써

지난 이십여 성상 엊그제 같은데
봄 는개비, 가랑이 젖듯
그대와 함께 솔숲의 초록의 바람으로
꽃냄새 맡으며
처음의 인연처럼 향기로 피고 싶은데

지나온 시간과 세월과 함께
땡볕의 불덩이 이고
녹음의 깊은 산야를 헤매이고 싶은데

깊어가는 가을볕 곱게 물든 날
풀벌레 울음소리 곁으로
영원한 우리의 밀어와 언약들
세월 한참 지난 후
유려한 개울물소리와 함께 듣겠네

새벽 칼바람 맞으며
어느덧 하나가 된 우리 사랑
오래 오래 갈무리하며
온갖 시름 다 내려놓고
내일 향한 동행으로
어느덧 또 한해를 전송하네

침묵

침묵은 무섭다
헤아릴 수 없는 답안을 거느리고도
결코 엿볼 수 없는 마음 안에 간직한
영원한 말없음표

내색 않는 시간 안에
허기처럼 고행하는 화두 하나
오리무중이다

결코 심장을 꺼내볼 수 없듯이
타인들이 그의 근처에서
생전의 닮은꼴들의 이야기만 나눌 뿐
결코 자기만 아는
비밀한 마음

가을비

늦은 밤을 건너는 빗소리

이야기 끝의 수줍음처럼 적막하다

나뭇잎에 얹히는 빗소리들

공기방울 하나와 더불어

이 밤의 적요처럼 암울하다

내일을 건너는 빗소리

은방울소리 같이 명료한데

이 시간

먼 데서 누군가

그리움 하나로 귀를 밝히고 있겠다

병풍

소낙비 지나간 뒤
옹기종기 모인 조선의 초가들
동산의 무지개와
풍경이 되는 오후

아이들은 구름에 얹힌
무지개를 잡으려
긴 장대로 왕감나무를 흔들면
애꿎은 까치들만 쫓겨나고

동화 속 같은 아이들의 웃음소리
메아리로 메아리로
꿈속처럼 멀어지던
섬진강변의 매실마을

연륜

우리가 영혼을 말할 때쯤
나이는 이미 깊이 머리를 숙이고 있다

모르는 것보다
익혀 아는 것이 더 많은 그 나이에
한 바다처럼
무게를 더한 의젓하고도 정중함
세상에 이보다 더한 존귀함 있으랴

장맛은 세월이 더할수록
일미를 더한다는데
우리가 이미 영혼을 말할 때쯤
이미 세속을 초월한
마음 하나를 읽고 보고 있는 사이

오늘 백양산 기슭에서
한 노인이 태산 같은
산봉우리 하나를 짐지고
하산하는 것을 본다

사랑이란

사랑은 보이지 않아서
더욱 그립다
내밀한 너와 나의
말없는 비밀한 소통
언제나 꿈꾸는 밀월로
하루를 열듯이
아무렴 오늘도 목메인 그림자 하나
서로의 곁에 살듯이

파도

물고 뜯고 할퀴며
상처난 자기를 유린하며

무작정 떼를 지어 아우성하며
세상살이 한 맺힌 듯
억울한 심정을 토로하듯
온 바다를 침노하며

허물어지는 자기를
무수히 다시 일으켜 세우는
끝없는 횡포
온 바다를 휘젓는 무참한
저– 아우성

지천명

가끔 우울을 앓는다
일찍 온 가을 풍경을 보거나
이미 저문 해를 바라보며
풀잎에 기댄 왕잠자리가 뜰 때
혹은 별로 마음에 와 닿지 않는 말로
누군가 나를 위로할 때

때로는 속보이는 궁색한 변명으로
자기 변신을 하는 사람을 보거나
몇 잎 남은 가을 잎들이
모질게 바람에 흔들릴 때
가끔 우울 같은
지천명의 나이를 앓는다

제 5 부

혼돈의 시절

밤을 빼앗긴 울음소리

밤도 늦은 시각
누군가 울고 있다
창너머 몇 집 건너쯤

비정한 삶의 현장을
통분하고 있을까
마음 빼앗긴 상처를
어루만지고 있을까
혹은 각고의 인내로도 극복 못할
통한의 절규일까

울음은 층계를 오르듯
사방팔방으로 건너가도
누구 하나 창을 열어보지 않는
비정한 밤
한 사람의 처절한 울음이
낭하를 건너 새벽이슬을
건너고 있는 적요한 밤

다도해

바다의 이름 근처에서
무리로 층계를 이루며
면밀한 하루를 확인하며
종일 서로의 이름을 불러보며
한없는 자맥질로
천년의 이름을 불러보는
저 은하수 무리

꿈속에

궁궐을 지었다
내부는 희망처럼
산과 바다와 별자리까지 옮겨 놓았다
사철 푸른 숲과
적당한 음악도 갖춰놓고
그 안에 평생의 건강도
한아름 챙겨두었다
그리고 아기자기한 동화 이야기와
천년을 동무하며 함께 살았다
긴 긴 세월동안
꿈의 꿈속에서

습작시절

글쟁이가 되기 위해
하루에도 몇 번씩 몰입의 경지에서
생각들과 씨름해 보지만
도무지 일치하지 않는 마음
시간을 좇아 습작을 되풀이해 보지만
미처 완성도 못하고 또 찢어버리는
휴지통의 산적한 원고지들
하루의 일과를 마치고
늦은 밤 잠자리에 들어서야
비로소 생각나는
보석 같은 시어 한 행
필기구를 찾다 그만 잊어버리고
밤새도록 후회하는
그 문맥 시행 한 줄

하루 이야기

오늘을 보낸다
빛나는 이야기와
자질구레한 사연과
마음속에 남은 현실을
대충 정리하며
오늘을 보낸다
하늘 위 구름처럼
종일 나붓대는 파도처럼
한아름의 부산한 일과표도
서둘러 챙기며
오늘을 보낸다
너를 향한 측은함과
내게로 향한 그리움과
결코 닿지 못할 우리들의
운명을 생각하며
어찌할 수 없는 현실을 탓하며
근엄한 오늘의
하루해를 보낸다

가로수

일정한 거리에서 오롯이 서서
수십 년 혹은 기백 년의
세월을 지킨 가로수들을 본다
누구 하나 관심 주지 않는
신작로 길에 온몸 맡기며
하루를 소통하며
비바람 폭풍우에 뭇매를 맞으며
몸살로 오는 매연과 공해에도
그 이름을 깊이 새기며 처연한 몰골로
오로지 한세월을 지킨
저- 기나긴 침묵
오늘 먼 산봉우리의 뭉게구름 달려와
이마에 맺힌 땀방울 씻어주며
세월의 나이테 하나 새겨주며
얼룩진 한 생애를 읽고 가다

혼돈의 시절

지금 이 시대가 어디로 가고 있는지
모두에게 물으면 고개를 갸우뚱한다
다만 계획대로 시간대로
고통을 나누며
빈 들의 허수아비처럼 종지기처럼
희망 하나 보이지 않는 하루해를
모두들 거룩한 척 살아간단다

오늘도 앞서거니 뒤서거니
시간의 행렬을 따라가는
질긴 목숨의 이 시대 사람들이
서로를 들여다보며
목마른 언어들을 감춘 채
기특하게 오늘을 살 궁리 하나로
자기를 변신 중이다

칠색 무지개

내 어릴 적 아슬한 동산 둔덕에
여우비 지나간 뒤
환장할 몸매로
서있던 칠색 무지개
또래의 아이들의 손이
한꺼번에 무지개를 따라가면

빨주노초파남보의 꽃구름으로

먼 하늘로 멀어지던 산 무지개
귀티 나는 해맑은 몸짓으로
산비알에서
누군가 애타게 기다리던
그 칠색 무지개

외로움

먹구름 가득한 하늘
소소한 바람 한 점마저 없는 날
입 다문 모든 것은 모질게 통증을 앓는데
그늘진 미로처럼 오늘도
명상으로 열린 길 하나에 닻을 내린다

어느덧 소극적인 그림자 곁으로
하루해가 저물고
아무런 이해도 통과하지 못한
암울한 하루가
나를 더욱 옥죄는데

내 이름 곁을 지나는
모든 것들은 더욱 서러운데
머나먼 길 하나의 명상에도
내 그림자 하나 비출
양지 하나 없는 날

꿈 하나의 의미

너와 내가 하나가 되는
꿈을 위해
일상을 살지만
가끔 어긋나기도 하고
시샘과 설렘이 된 헛꿈

바람이 불고
비가 오고
더러는 꽃이 피고지는 세월동안

꿈 하나의 의미를 위해 동행하는 우리
언제나 벼랑 끝처럼 아슬한
행복한 미래를 위해
우리는 오늘도 서로의 시간을 붙들고 있다
오오, 머나먼 꿈 하나를 위하여

가을 전경

마음 더욱 서러운 날들을
가을에 빼앗기다

나보다 더 아픈
깊은 생채기 하나 갖고 있을
도심의 가을은
바람 부는 대로
처연한 낙엽 하나 떨구며
주검을 눕히는 처절한 몸부림으로
한 해를 얼룩지다

먼 데의 길손들이
혹은 누군가
출렁이는 그리움 하나 간직하며
걸어갔을 이 가을을
모두들 상처 하나씩 부여잡고
부지런히 올해의 자기를 은폐 중이다

어떤 시인

한 줄의 행간에서
그의 마음을 읽는다
알 수 없는 표정과 낯선 우울을

어떤 사람일까
살아온 인생은 어떠하며
무엇을 꿈꾸며
어떤 이상형으로 사는 사람일까
그가 쓴 한 줄의 문장 안에서
하루의 시간과 꿈도 읽는다

언제쯤일까
문득 그가 내 곁에서
일찍 온 봄처럼
귀를 기울이고 있었다

한 뼘의 마음

둘레는 보이지만
깊이는 결코 볼 수 없다
아무리 넓어도
산에서 공중에서 볼 수 있는 넓이
하지만 열어볼 수 있는 깊이는
미래처럼 온전히 잠겨 있다
오늘도 깊이 있는 사람과
종일 이야기를 나누었지만
그 사람의 마음 안에 있는
자물쇠 입은 결코 열 수 없었다

첫눈

눈이 나리는데
첫눈이 오는데-

눈 속에 보이는 것은
나이를 읽고 가는 추억뿐

어린이들이
꽃잎처럼 춤추는
도심의 첫눈

모두들 창을 열고 혹은
눈을 흠뻑 맞으며
첫눈을 기리는 날
한 가족 한 사랑처럼

방황

사람들은 떠난다
어떤 이상과 목표를 향해
혹은 현재를 탈피하기 위해
하나 둘 끼리끼리
생각의 깊이를 벗어나 떠난다
한 송이 구름처럼
그리고 곧 우리들은 그들을 잊는다
기억속의 이름들과 평시의 인연을

오늘도 역사에서 공항에서
터미널에서
어디서 본 듯한 사람들이 떠난다
이름을 감춘 채
어제의 타인이듯
오늘의 안면을 내려놓고
시간과 세월속의 인연 뒤로
한 역사의 은근한 그늘처럼

능선과 계곡 사이

능선과 계곡 사이는
늘 그늘이다
낭떠러지 같은 어둠이다
하루를 달려온 양지도 빛을 부려놓기 전
이미 긴 그림자 드리운 음지 곁에서
우두커니 서서 키 낮은 나무들의
불평을 들어야 한다
일찍 달려온 가을들 햇볕보기로
하루 종일 잔기침을 하는 바람 곁에서
우수같이 해는 모서리로 지고
몸을 겨우 추스른 여울물들은
긴 행렬로 굽이굽이 아픔으로
그의 이름을 새긴다
산경과 어울리는 능선과 계곡 사이는
늘 그늘이다 고독 같은 아픔이다

「작품 해설」

— 김명희 시인의 시세계

서정시적 수사와 그리고 절제의 균형미

시인 崔東川

– 김명희 시인의 시세계

서정시적 수사와 그리고 절제의 균형미

시인 崔東川

김명희 시인의 시세계는 우선 자연미에 근간하는 시적 창출과 생활시의 서정성의 접목에서 오는 폭넓은 인과관계의 연관성에서 표출되는 탁월한 시적 표현미를 우선 주목하고 싶다.

이는 곧 시적 내용미를 구성하는 시인의 자아성찰과 인간애적 자기개성의 소신으로 사물을 관조하는 눈높이의 깊은 혜안이 발상의 근본이 되고 있음을 보여준다고 하겠다.

보편적인 시어들을 쉽게 유화하며 절제된 시어들로 자신이 목적한 시적 내용미를 소신껏 관찰하는 의지가 자못 눈부시다.

애매한 그리움이다
사랑을 주면 금방 기울 듯
마음 하나의 심연으로
절정의 물음표로
애간장을 태우고 있다

눈썹달 같은 자태로 이울 듯

매무새 단정한
신비의 형상으로
누군가를 유혹하고 있는

완성을 위한 그리움을 향하듯
몸짓하는
무연히 아름다운
저- 귀태

———「곡선」 전문

심미적, 유미적인 시로 발상과 더불어 주제와 소재를 재련하는 솜씨가 가히 일품이다. 시행마다 갖는 절묘한 타이밍의 시어 선택으로 이 시는 시작과 과정, 대단원과 결어의 시적 구성 요건이 교과서적인 기법과 기교로 마무리되고 있어 더욱 압권이다. 즉 1~3연이 다른 각운으로 별리를 가지며 서로를 이끌어주는 내용적 의미로 수사와 묘사의 의미에 일미를 더하고 있다.

이 시의 전연이 갖는 서정성lyricism은 참으로 눈부시다. 불과 13행의 시행으로 원론적인 관능미를 은유metaphor한 것과, 그리고 첫 행 〈애매한 그리움이다〉와 결구의 〈저- 귀태〉는 참으로 빼어난 상관관계를 가지는 시행이다.

사실 곡선은 무연한 아름다움과 여성다움, 그리고 그리움과 꿈과 이상형을 표출하는 계속 진행형인 섹슈얼리즘의 대단원이 아닌가. 시적 의미적 요소가 지배하는 화목과 동행, 그리움으로 회자되는 일련의 곡선의 이미지가 환유법으로 재생되고 있는 이 시는 우리들의 삶과 인생, 그리고 더불어 하는 삶의 원초적인 의미를 곡선의 이미지로 환원 재생시키고 있는 효과도 함께 지니고 있어 더욱 시적 표현력을 높이고 있는 근간이 되고 있다.

비온 뒤 물방울 하나가
전봇줄에 매달려 있다

살아있는 신기로
아래 위 혹은 옆으로 쏠리다가
순간적인 공중곡예로

아슬아슬하게
몇 시간째 바람과 씨름 중이다

바람의 균형에 따라 떨어질 운명
순간순간 바람에 흔들리다
혼절하는 물방울 하나

새들이 물어갈 것인가
나무들의 수액이 될 것인가
혹은 무수한 사람들의 입방아로
머물 것인가
비온 뒤
몇 시간째 겨우 생명을 부지하고 있는

전봇줄의 아슬아슬한
물방울 하나가

———「우리 시대의 우화」 전문

굳이 이솝의 우화를 들먹이지 않더라도 현대의 우리 시대의 삶과 생활은 일면 풍자satire와 해학humor이 지배하는 사회일 것이다. 어쩌면 이 시에서 화자와 회자로 인용되는 물방울 하나는 참으로 아슬아슬하다. 곧 떨어질 것 같으면서도 바람의 직간접 영향으로 수직과 수평, 그리고 상승과 하강으로 교묘하게 자기를 유지하고 있다.

어쩌면 물방울 하나로서의 그의 수명을 다할 것 같은 일각의 시간을 아슬아슬하게 지탱하고 있는 주제의 이 물방울 하나는 단순히 물방울 자체로 보아서는 안 된다. 우리 시대의 경쟁적인 물질 사회와 삶의 처절한 승부 근성으로 낙오되지 않으려는 의지와 절박함을 간접 유화하고 있는 작품으로 힘과 지혜의 균형이 전연을 지배하고 있어 매우 심플simple하다.

사실 그렇다. 우리는 함께 하는 삶이란 전제 하에 성공과 출세와 부富를 위해 얼마나 소모적인 경쟁으로 힘과 지혜를 낭비하는가. 이 시는 보편적인 우리 시대의 삶을 은유한 시로 참으로 아슬아슬한 하루를 살아가는 민초들의 생활을 우화적인 풍자로 묘사함으로써 성공적으로 마무리하고 있는 가편이다.

사실 명시적인 거리에 있는 이 물방울 하나의 의미를 어쩌면 자기를 유지하는 태생적 한계와 하나의 새로운 도전으로 위험한 순간을 실기하지 않으려는 한계의 극복을 상징적으로 내포하고 있다.

회화적, 의미적 요소를 두루 갖춘 이 시의 맨끝 연 2행 〈전봇줄의 아슬한/ 물방울 하나가〉는 아직도 현재진행형임을 암시하고 있는 시어로, 현세를 살아가는 많은 사람들의 교훈과 지킴이로 표징되고 있어 더욱 이 시의 묘미를 더하고 있다.

구름속의 맹렬한 햇볕처럼
멀고도 긴 시간을
심연의 깊이로 보고 있다

나를 바로 세우듯
결코 놓칠 수 없는 명암

반듯한 인물 하나의
정교한 모습을 보기 위해
허수아비처럼
구름 속의 햇볕으로
긴장으로 종일 서 있는 시각

———「응시」 전문

이 시는 공시적共時的 효과를 극대화한 시로 보인다. 우리가 목표 지향적으로 무엇을 추구하거나 결정적 시간이나 사안을 확인하거나 종내는 어떤 표식이 되는 목표물의 습득을 위하여 시간에 몰입하는 과정이 압축 절제된 간결미의 시이다.

논리적 비약을 삼간 채 정교한 시로 아포리즘aphorism의 과정을 통한 정연체는 더욱 긴장감을 더하고 있어 가히 압권이다. 특히 1연의 〈멀고도 긴 시간을/ 심연의 깊이로 보고 있다〉와 2연의 〈나를 바로 세우듯/ 결코 놓칠 수 없는 명암〉, 3연의 〈구름 속의 햇볕으로/ 종일 서 있는 시각〉은, 이 시의 전개와 과정과 결어를 시의적절한 시어들로 각 연에 배분함으로써 이 시의 효과 창출은 물론 표제어가 주는 순간적인 포착을 마음 안에 내밀하게 간직하는 일념이 되고 있어 자못 긴장감을 높이고 있다.

이는 시인의 역량에서 오는 무한한 깊이일 것이다. 일각의 순간도 놓치지 않으려는 점층법 형식으로 마무리 짓고 있는 것은 시인이 자유자재로 운용할 수 있는 탁월한 시어의 선택에 있다고 보아진다.

가난한 별자리마다
눈물로 오는 신화를 읽는다

방향을 잃은 가을바람은
도무지 나뭇가지 위에도 닿지 못하는데

정작 소식 없는 너는
내 심장 안에 불을 놓는다

이리도 먼 생각에
상처로 오는 밀어들
눈물이 되는 미명

어디선가 서러운 겨울을 붙들고
매화송이 두엇 피고 있는 밤

———「우울」 전문

서정적 발아에서 오는 느낌을 1연의 〈가난한 별자리마다/눈물로 오는 신화를 읽는다〉에서 보듯, 우주의 섭리와 비교하며 현재의 자신의 과거를 대별시키며 명상에 젖는 애절한 시로 저변에는 낭만과 우울을 깔고 있다.

이 시의 본질은 1연에 있다. 미래를 위한 확연한 위상 정립이 혹은 희망과 행복적 근원이 좌절되었거나 실기했을 경우 감성과 심성의 기복으로 자기 위치를 스스로 노출함으로써, 자신이 기댈 수 있는 한 시절의 꿈과 이상의 존재를 찾아감으로써 스스로 자신을 극복하며 위안하려는 장면은 자못 눈물겹다. 그러나 현실은 이루어질 수 없는 머나먼 공간에 위치하고 있다며 자신의 정신세계를 불태우는 3연에서 절정을 이루고 있는 이 시는, 그리움 → 자포자기 - 참을성으로 진전되는 한국적 정서를 갖고 있는 풍유법을 선호하고 있는 시로 보인다. 완벽한 구성력을 갖춘 이 시는 소재를 운용하는 시인의 수사와 묘사가 가히 일품이다.

더구나 끝연의 〈어디선가 서러운 겨울을 붙들고/ 매화송이 두엇 피고 있는 밤〉은 빼어난 절귀다. 즉, 시절을 앞서가는 겨울을 도입함으로써 더욱 서럽고 마음 아린 과거를 오는 봄을 기약하며, 어쩌면 기다림과 그리움의 불씨를 지피려는 순간을 매화꽃이 피는 장면을 연상시키게 함으로써 이 시의 일미를 더하고 있다.

적막한 밤
먼 데서 불이 걸어옵니다
포수는 짐승의 매서운 눈이라 하고

나그네는
산막의 불이라 합니다
화전민의 촌부는
도깨비의 불이라 합니다

시인들은 하늘로 오르는
신선의 고매한 눈이라 합니다
더러는 용이 되지 못한

이무기의 한이라 했습니다

불이 그 이유 많은 불이
자정을 지나
어둠을 헤치고 날렵하게 걸어옵니다

———「보기 따라서는」 전문

사람의 관찰력은 직관적으로 보는 것과 마음 안에 내재된 심상이 근원이 되어 사물의 근본을 투시하는 두 가지 유형으로 각기 변별력을 가진다. 이는 곧 주관적과 객관적 양립으로 사물을 보는 사람들의 내성과 이해관계와 일면 정서적 균형을 이루는 것이다. 더불어 하나의 일치로 가는 그 사람만이 가지는 마음 안의 영역과 현재의 심성이나 감성에 근거할 것이다.

똑같은 눈으로 한 가지 사물이나 물체를 투시하더라도 각기 다른 상징성의 의미로 제각기 다른 결론에 도달하는 것은 사람마다의 개성과 경험, 그리고 살아온 과정과 자기수련에서 오는 인식의 깊이와 무관하지 않은 것이다. 보완해서 말하자면 모든 것은 누군가가 똑같이 본다면 생활적 향상이나 문명과 문화의 발전과 융성도 없을 것이다.

한밤 나그네 몇이 피로를 누일 산막이나 농막을 찾아 헤매는 환시나 착시 효과를 마음 안에 내재된 각기의 생각으로 내용미를 이끈 이 시는, 안정되지 못한 마음이나 현재가 가지는 절박한 상황이나 인식의 차이로 대별되는 각자의 다양한 면모의 사람들이 맞이하는 상황적 현실을 밀도 있게 유화한 시이다. 회화적 요소나 의미적 요소가 지니는 이 시는 철학적 사고와 프로이드가 말한 정신분석학의 이론과도 일면 맥락이 닿아 있다고 보여진다.

한 소리의 울창함으로
세상을 열 수 있다면
얼마나 행복하랴

오늘도 무수한 언어들이
어떤 의미와 의지도 간직하지 못한 채
우리가 서로를 오해하며 원망하며
나누어 가져야할 인연을 외면한 채
하루를 형성하는 그 안에서
생성되는 불편한 하루
너와 내가 올곧은 마음으로
평안한 시간 안에 머물 수 있는
하루를 기린다면 얼마나 행복하랴

오늘도 멀리서
하루해를 지킨 사람들이
불편한 하루를 들고
기약 없이 멀리 떠나는구나

———「응어리」 전문

이 세상에서 그리움이나 사랑, 혹은 동행으로 대별되는 언어만큼 아름다운 시어는 없을 것이다. 그것은 미래의 화목과 행복으로 가는 전초 역할을 하기 때문이다. 인간사회의 복잡한 구조와 삶을 영위하기 위한 처절한 경쟁의 전초가 되는 인연과 관계는 때로는 오해와 질시, 모함과 배신으로 본의 아닌 역풍으로 돌아오는 것이다.

이 시는 우리의 인간이 보편적으로 가질 수 있는 하나의 개연성probability을 호소하며 함께 하는 동류의식의 환원을 바라는 절절한 마음을 애잔하게 그리고 있다.

1연 〈한 소리의 울창함으로/ 세상을 열 수 있다면/ 얼마나 행복하랴〉, 3연 〈오늘도 멀리서/ 하루해를 지킨 사람들이/ 불편한 하루를 들고/ 기약 없이 떠나는구나〉는, 서로 대별되는 시어들의 상관관계를 대비시키며 극치미의 효과를 이끈 점을 높이 사고 싶다.

이 세상의 많은 사람들을 두 종류로 나누어 분류하며 진솔한 삶으로 살아가는 사람과 서로의 오해와 질시, 모함과 배신 등으로 인해 서로 상극관계로 살아간다는 가정 아래 서로의 관계를 복원하면 얼마나 좋으랴는 시적 시너지synergy 효과도 함께 가지는 시로, 하나의 유토피아utopia로 가는 과정을 시인은 진솔하게 호소하고 있다. 이는 지고한 마음 수련에서 오는 서로의 합일에서만 가능할 것이다.

너와 나로 대별되는 개성과 독창성은 종국에는 주관적 사회가 지배하는 하나의 목표로 귀결될 것이며, 독선과 이기주의만 팽배할 것이다. 이 시의 대미는 은연 중 용서와 양보로 대별되는 이해와 협조로 더불어 함께 사는 공존의 실체를 호소하고 있다.

아이들은
덧셈과 뺄셈을 하며 지나고

어른들은
곱셈과 나눗셈을 하며
하루해를 보낸다

어쩌면
순진한 자와
이익과 손해를 계산하는

연륜이 그 안에 있다

———「아이와 어른」 전문

불과 9행이 주는 이 시는 아이와 어른을 각론지어 말하는 것이 아니라, 화자는 시간과 세월 속에 공존하는 세상 속의 어른과 아이를 회자하고 있다. 아이들은 단순하게 또래끼리의 하루의 덧셈과 뺄셈으로 오로지 순진하고 순박한 단순한 생각으로 하루를 마무리하지만, 어른들은 서로의 이익과 자기 위주의 계산된 유불리의 셈법으로 세월을 산다는 큰 차원의 의미를 축소 지향적으로 회자하고 있다.

쉬운 시어로 과장법 없이 사람들의 한평생의 생각과 뜻과 현대사회의 물질문명을 환기시킨 이 시는, 아이가 자라면 어른이 되듯이 되풀이되는 역사의 순환의 어떤 고리를 끊고 도덕과 자아성찰로 인간 회복을 찾아가는 과정을 소원하는 간접은유로 마무리 짓고 있다.

덧셈과 뺄셈, 곱셈과 나눗셈으로 이원화되는 인간의 연령과 세월적 의미를 상상력imagination으로 복원시키는 이 시는 3연에서 〈어쩌면/ 순진한 자와/ 이익과 손해를 계산하는/ 연륜이 그 안에 있다〉며 우리 시대의 현주소를 적나라하게 명기하고 있다.

다시 말하자면, 살면서 살아가면서 진행되는 인생과 반복되는 여러 세월의 상황적 인식을 단순 명료히 자연발생적인 연륜에 그 기초를 두고 있다고 명징짓는 이 시 안에서, 우리는 어쩌면 인생의 만화경 같은 한 생애를 보는 것 같다. 발상적 전개를 여과하는 과정이 참으로 눈부신 가작이다.

늦은 밤을 건너는 빗소리
이야기 끝의 수줍음처럼 적막하다
나뭇잎에 얹히는 빗소리들
공기방울 하나와 더불어
이 밤의 적요처럼 암울하다
내일을 건너는 빗소리
은방울소리 같이 명료한데
이 시간
먼 데서 누군가
그리움 하나로 귀를 밝히고 있겠다

———「가을비」 전문

이 시는 매우 감성적인 정情적인 시이다. 가을밤의 고요하고 쓸쓸한 이미지image와 한해를 뒤돌아보는 회한의 분위기가 전면을 지배하고 있다. 일찌기 워즈워드는 '시는 넘쳐흐르는 정감의 힘찬 발로이다' 라고 했다. 시의적절한 시어들이 요소마다 빼어난 구실을 하고 있다. 그리고 〈늦잠을 건너는 빗소리〉 〈이야기 끝의 수줍음처럼 적막하다〉 〈나뭇잎에 얹히는 빗소리들〉은 이 시를 지배하고 있는 적절한 수사와 묘사로 더욱 우리들을 매료시키는 시행들이다. 마치 군더더기나 사설이 전혀 없는 간결한 문체의 신선함이 주는 서정시의 진수를 보는 것 같은 이 시는 시간대별로 나누어지는 행간들이 이 시의 격조를 더욱 높이고 있다.

그리고 쓸쓸한 이미지의 동류의식으로 나 이외에 누군가도 이 가을밤의 정서를 함께 하고 있겠다는 맨끝연 3행 〈이 시간

/ 먼 데서 누군가/ 그리움 하나로 귀를 밝히고 있겠다〉는 참으로 절귀다. 감상주의sentimentalism의 시어들과 표제어가 주는 이미지는 시인의 취향이 우선 하겠지만, 김명희 시인은 마음 안의 현재의 심중을 이 시에서 간접여과하고 있는 것으로 보여진다. 정감과 그리움과 한 독백이 함께 어우러진 삼위일체의 이 시는 참으로 가편이다.

우리가 영혼을 말할 때쯤
나이는 이미 깊이 머리를 숙이고 있다

모르는 것보다
익혀 아는 것이 더 많은 그 나이에
한 바다처럼
무게를 더한 의젓하고도 정중함
세상에 이보다 더한 존귀함 있으랴

장맛은 세월이 더할수록
일미를 더한다는데
우리가 이미 영혼을 말할 때쯤
이미 세속을 초월한
마음 하나를 읽고 보고 있는 사이

오늘 백양산 기슭에서
한 노인이 태산 같은
산봉우리 하나를 짐지고
하산하는 것을 본다

———「연륜」 전문

이 시의 모티브motive가 되는 세월과 연륜은 우리가 각기 목적한 삶을 지향하면서 미처 의식하지 못하는 사이 문득 뒤돌아보면, 이미 돌이킬 수 없이 지난 과거와 마주치게 되는 것이다. 회고해 보면 사는 것과 살아가는 것이 대별되는 사이 인식의 깊이를 나누어 가지지 못하는 연륜이 하나의 역사로 세월을 감지하고 있는 것이지만, 우리가 느끼기 전에 언제나 시간이 앞서 가기 마련이다.

이 시는 평범한 시로 보이지만 일면 때와 시기를 실기하면 극복할 수 없는 상황과 보다 큰 업보와 재앙이 자신을 유린할 수 있다는 주지적 교훈시이다.

표제어에서 보듯 나이의 깊이, 세월의 무게, 그리고 세상의 넓이가 이 시를 지배하고 있다. 그리고 끝연의 〈오늘도 백양산 기슭에서/ 한 노인이 태산 같은/ 산봉우리 하나를 짊지고/ 하산하는 것을 본다〉는, 현실의 나이와 어쩔 수 없는 현재의 자신과 그리고 이미 지나간 세월의 업보 등을 태산 같은 무게로 은유하며 극복할 수 없는 나이를 이분법하고 있다. 즉, 지나간 한 시절과 지금의 현실적인 상황을 빼어난 시어들로 공감각적synesthetic 이미지로 재생하고 있는 이 시는, 궁극적으로 전자에도 언급했지만 때와 시기를 실기하면 다시 도약하기 힘든 현실을 세월과 연관짓는 특징성을 지니는 시이다.

내 어릴 적 아슬한 동산 둔덕에
여우비 지나간 뒤
환장할 몸매로
서있던 칠색 무지개
또래의 아이들의 손이
한꺼번에 무지개를 따라가면

빨주노초파남보의 꽃구름으로

먼 하늘로 멀어지던 산 무지개
귀티 나는 해맑은 몸짓으로
산비알에서
누군가 애타게 기다리던
그 칠색 무지개

———「칠색 무지개」 전문

무지개는 꿈과 이상과 행복으로 회자되지만 우리가 보는 시간적 의미는 색상 대비가 주는 아름다움이 더욱 일미일 것이다. 색깔의 조화가 주는 역광은 가히 한편의 명료한 수채화를 보듯 티없는 전율 그 자체이다.

한편의 동요나 동화적 내용미에서 오는 분위기를 살린 직유의 이 시가 주는 이미지는 어릴 때 꿈과 이상과 주체할 수 없는 아름다움으로 간직했던 칠색 무지개가, 이제 연륜이 더한 먼 세월 뒤 다시 보니 그 환상과 환영은 그대로인데 현존의 시대적 변함없는 생활과 단조로운 일상, 예견할 수 없는 미래 등으로 우울을 저변에 대비시키며, 과거와 현재, 미래가 공존하는 감성적 정서를 이분법한 시로 승화시키고 있다.

이 시의 요체는 맨끝연의 〈귀티 나는 해맑은 몸짓으로/ 산비알에서/ 누군가를 애타게 기다리던/ 그 칠색 무지개〉에 있다. 꿈과 희망으로 인식되는 그 무지개를 찾는 임자를 위해 시간을 아껴가며 스스로 기다리고 있던 그 칠색 무지개에서 우리는 '뜻이 있으면 길이 있다.' 란 그 말을 떠올리게 된다. 즉, 포부와 미래에 대한 확고한 신념의 희망이 있다면 언젠가는 기회는 꼭 온다는 사실적 의미를 간접 은유한 대미는 참으로 절묘한 타이밍으로 이 시의 요체가 되고 있다.

이상 김명희 시인은 서정시적 주지 개념을 한 생애의 동행으로 각인시키며 모든 인간관계와 자연, 그리고 사물들을 더불어사는 삶의 존재론으로 부각시키고 있다. 생활을 지키는 요소들은 이익의 창출에 따라 불협화음으로 발아될 수 있기 때문에 순수한 자연미와 생활시를 접목시키며, 인간관계의 연관성과 복원에 중점을 둔 인간애적 시들이 주조를 이루는 이번 시집에서 어쩌면 김명희 시인의 맑고 향기로운 서정시의 진면목을 보는 것 같다. 서정시적 수사와 그리고 절제의 균형미는 참으로 압권이다.

우리 시대의 우화
김명희 시집

인쇄일 | 2014년 11월 28일
발행일 | 2014년 12월 12일
지은이 | 김명희
펴낸이 | 최장락
펴낸곳 | 도서출판 푸름사
주　소 | 부산광역시 부산진구 부전로 35 삼성빌딩 301호(부전2동)
전　화 : (051)805-8002 팩스 : (051)805-8045
전자우편 : doosoncomm@daum.net
출판등록 제329-2009-000010호

값 10,000원

ISBN 978-89-94839-09-7-03810

「이 도서의 국립중앙도서관 출판시도서목록(CIP)은 서지정보유통지원시스템 홈페이지(http://seoji.nl.go.kr)와 국가자료공동목록시스템(http://www.nl.go.kr/kolisnet)에서 이용하실 수 있습니다.(CIP제어번호: CIP2014033949)」